우리가족 닮은 동물 찾기

동물가족화 II

박 경 화 (Ph. D.)

(사)한국예술심리상담협회장
한국임상치유예술학회 이사
한국학습상담학회 이사
교육과학기술부 장관상 수상

〈저서〉

피썬세피라 분석의 이해와 실제(2012)
CPTI 비채컬러성격유형검사(2013)
색채심리의 이해와 활용(2014)
아쏘피노아트(2015)
지미·루미와 함께 하는 캐릭터북(2016)
지미·루미와 함께 하는 캐릭터북지침서(2016)
상담심리사(2018)
임상미술치료의 이해와 실제(2019)
청소년 심리 및 상담(2020)
색채심리(2021) - 12색을 활용한 심리분석 및 상담

동물가족화 II 우리가족 닮은 동물 찾기

초판 1쇄 인쇄 2021년 2월 8일
초판 1쇄 발행 2021년 2월 10일
2판 1쇄 발행 2024년 1월 4일

지은이   박경화

발행인   안혜숙
발행처   도서출판비채
등 록   2015년 8월 18일 제401-93-04351
주 소   서울특별시 서초구 서초대로 248 4층
전 화   02-584-8730
팩 스   02-584-8732
이메일   kapcabook@naver.com
홈페이지 www.kapca.net

ISBN   979-11-973713-1-8 93180

우리가족 닮은 동물 찾기
동물가족화 II
#동물도안 #그림도안 #미술치료 #동물가족화

도서출판비채
A Publishing company B&C

들어가는 글

제목 : 아기젖소가 울어요.(7세 남자아이)

"선생님, 우리 엄마가 왜 독수리인줄 아세요?
왜냐면요, 독수리처럼 어디서 나타났는지 알 수 없는데..
갑자기 무섭게 노려보고 있다가 발톱으로 훅~!!! 아... 정말 무서워요.
엄마는 내가 하는 것은 다 싫어해요. 그래서 나는 뭐든지 아주 몰래 숨어서 해요.
들키지 않아야 하거든요. 그래서 이렇게 겁먹고 눈치 보는 아기젖소가 저예요.
근데요.. 여기 보세요. 동생은 원숭이예요. 얘는 저랑 달라요.
엄청 눈치도 빠르고... 혼나는 법이 없어요.
엄마는 알지도 못하면서 동생은 착하다고 하고 저만 뭐라고 해요.
그건 정말 아닌데.. 엄마는 아무것도 몰라요."

한부모 가정의 맏이로 7세 아동이 그린 '동물가족화'에서 아동이 각 가족 구성원에 대하여 자기 경험을 담아 드러낸 이야기이다. 아이의 그림에서 표현된 독수리는 매우 날카로운 발톱과 매서운 눈으로 아기 젖소를 노려보고 있었으며 자신으로 표현된 아기 젖소는 조금 먼 거리에서 눈물을 흘리며 억울한 표정을 짓고 있었다. 그에 반해 원숭이는 엄마 뒤에서 바나나를 먹으며 약 올리듯 신나는 모습으로 표현되어 있었다. 평소 말이 없던 아이의 '동물가족화'를 보며 굳이 설명하지 않아도 아이의 가족에 대한 생각과 마음을 알기에 충분했다.

라이프 오브 파이(Life of Pi, 2013)라는 영화는 주인공이 겪은 생존의 싸움을 동물원의 동물 이야기로 재진술하고 있다. 생존의 시간에 살인과 투쟁을 우화로 기술한 것이다. 일상에서 이런 일들은 자주 발생하며 미술치료는 직접적으로 말하지 못하는 것들을 표현하도록 돕는 역할과 기능을 한다. 미술치료는 그림을 통해 내담자의 진심과 마주하도록 독려하며 아동에서부터 성인까지 그들의 삶을 담아낸다. 그림을 통해 사람의 사고와 정서를 이해하고 행동의 근거를 탐색하며 변화과정에 동행하는 것은 참으로 매력적인 일이며 해를 거듭할수록 미술치료가 갖는 비언어적 소통의 효과는 참으로 경이롭다.

가족체계 진단을 위한 다양한 검사들은 동일한 목표를 서로 다른 방법으로 특성화한다. 특히 '동물가족화'는 선택대상의 상징적 이미지와 개인의 창조성이 결합되어 자기만의 의미를 부여하기도 한다. 이에 종종 개인의 주판적 상징으로 해석하려는 유혹이 생기게 된다. 하지만 치료사는 개인의 경험과 정서에 대한 전문적인 상징을 이해하고 숨겨진 무의식적 정서를 반영해야 한다. 따라서 '동물가족화'를 그린 후 개인이 선택한 대상의 상징, 그 자체만으로 해석의 지표를 삼는 일은 지양해야 할 것이다. 그럼에도 불구하고 미술치료사로서 갖추어야 할 지식으로 각 대상의 상징에 대해 이해하는 것은 개인의 집단무의식을 이해하고 그에 따른 보편성을 알기 위함이다. 또한 진단과 분석만이 아니라 활동을 통해 가족이 함께하며 대화하는 소통의 도구로도 그 역할을 할 것이다.

2023년 12월
저자

목 차

I 가족화의 이해

🐾 **가족화란?** 9

🐾 **가족 진단 그림 검사** 10
    동적가족화 10
    동그라미 중심 가족화 10
    물고기가족화 11
    동물가족화 11

🐾 **가족화 구조적 해석** 12
    역동성 차원 12
    그림의 양식 13
    대상의 행위 13
    컬러별 상징 14

II 동물가족화의 이해

- 🐾 **동물가족화란?** ··· 16

- 🐾 **동물의 상징적 의미** ··· 18
  - 땅 위를 걷는 동물 ··· 18
  - 물 속을 헤엄치는 동물 ··· 20
  - 하늘을 나는 동물 ··· 21

- 🐾 **동물가족화 사례** ··· 22

- 🐾 **동물가족화 활용법** ··· 28

- 🐾 **부록** ·· 32
  - 동그라미 중심 가족화 ··· 32
  - 물고기가족화 ·· 33
  - 동물가족화 질문지 ·· 34

- 🐾 **동물가족화 동물도안** ··· 35

I 가족화의 이해

🐾 가족화란?

가족화는 가족체계를 진단하는 그림검사로, 가족구성원 각각의 특성보다는 가족간의 관계에 주안점을 두고 가족구성원간의 상호작용을 연구합니다. 가족화에 투사되는 관계 및 역동을 통해 가족 간의 의사소통 및 심리적 대응관계를 살펴 효과적인 상담 및 치료의 모티브로 활용시킬 수 있습니다.

1951년 헐스(Hulse)는 한 명의 인물을 그리게 하는 대신에 가족을 그리게 하는 것이 가족에 대한 유익한 정보를 얻을 수 있다고 생각하였고, 그것이 지금 우리가 알고 있는 가족화의 시작입니다.

가족구성원에게 갖는 감정과 역동성을 파악할 수 있는 가족화는 자신이 선택적으로 지각하는 주관적, 심리적 환경으로써 가족을 인지하고 있음을 이해할 수 있습니다.

I 가족화의 이해

🐾 가족 진단 그림 검사

동적가족화 (KFD : Kinetic Family Drawing)

동적가족화는 가족화에 움직임을 첨가한 일종의 투사화로 번즈(Burns)와 카우프만(Kaufman)(1970)에 의해 개발되었습니다. 표현된 그림 안에서 내담자의 눈에 비친 일상생활은 자신의 과거 경험이나 현재 상태를 보여줍니다. 객관적인 환경으로써 가족에 대한 인지라기 보다는 자신이 주체적이고 선택적으로 지각하는 주관적, 심리적 환경으로써 가족에 대한 인지가 적용된다고 볼 수 있습니다.

동그라미 중심 가족화 (PSCD : Parent-Self-Circle-Drawing)

동그라미 중심 가족화는 번즈(Burns)에 의해 개발된 투사화로 부모상과 자기상을 한꺼번에 하나의 원안에 그려 분석하는 방법입니다. 동적가족화가 모든 가족이 무엇인가 하고 있는 그림을 그려 가족간의 상호작용과 역동성을 파악하는데 유용하다면, 동그라미 중심 가족화는 부모와 자신만을 그리기 때문에 부모로부터 받은 심리적 자원 및 물리적 관계를 파악하는 데 유용하다고 할 수 있습니다.

물고기가족화 (KFFD : Kinetic Fish Family Drawing)

물고기가족화는 어항을 그린 도식을 주고 그 도식 안에 가족을 물고기로 표현하여 꾸밈으로써 가족의 기능성과 역동성을 알아보고자 하는 것입니다. 물고기가족화가 동적가족화나 동그라미 중심 가족화 그림과 크게 다른 점은 가족을 사람이 아닌 '물고기'로 그린다는 것과 '어항'이라는 범위로 환경을 설정한다는 점입니다. 가족을 물고기로 그리라는 규칙이 정해짐으로써 팔다리의 움직임을 그리는 부담을 주는 대신 가족 구성원들의 위치와 거리감, 방향이 더 잘 드러나게 합니다.

동물가족화 (AFD : Animal Family Drawing)

동물가족화는 동물그림을 활용하여 가족관계에서 경험되는 정서상태를 평가하는 미술치료의 한 방법입니다. 1967년 브렘그레저(Brem-Graser)가 개발한 검사로, 사람을 직접 그리지 않고 간접적으로 동물로 표현하도록 하므로 가족구성원에 대한 심리적 저항이나 부담감을 최소화 할 수 있습니다. 또한, 각 동물들이 상징하는 의미를 해석함으로써 경험에 의해 고착된 가족 구성원에 대한 정서 상태를 잘 반영할 수 있는 이점이 있습니다.

I 가족화의 이해

🐾 가족화 구조적 해석

역동성 차원

구 분	내 용
순서	가족 내의 일상의 순서를 나타내는 경우가 많다.
위치	위쪽에 위치한 대상은 가족 내 리더로서 역할이 주어지는 대상을 나타낼 수 있다. 아래쪽은 억울함이나 침체감과 관계있다. 우측은 외향성과 활동성에 관계하며, 좌측은 내향성과 침체성과 관계있다.
크기	가족구성원에 대한 관심의 정도가 대상의 크기를 반영한다.
거리	그림을 그린 사람이 주관적으로 지각한 구성원들 간의 친밀감 정도나 심리적인 거리를 반영하는 것이라고 할 수 있다.
방향	'정면'을 선택할 경우 긍정적인 감정이, '측면'일 경우는 반긍정, 반부정적인 감정이, '뒷모습'을 선택할 경우 그 대상에 대한 부정적인 감정을 반영한다.
생략	가족구성원의 생략은 그 가족구성원에 대한 적의나 공격성 불안 등의 부정적인 감정을 표현한 것으로 볼 수 있다.
묘사	가족구성원이 아닌 제3자를 선택한 경우, 주로 친구가 묘사되는 경우가 많으며 어떤 대상인지 유의미하게 살펴봐야 한다.

제목 : 따로 또 같이 (29세, 여)

그림의 양식

구 분	내 용
일반적 양식	복잡하거나 명백한 장벽을 나타내지 않고 온화한 우호적인 상호관계를 암시한다.
구분	하나 또는 그 이상의 직선이나 곡선을 사용하여 그림에서 각 대상들을 의도적으로 분리하는 경우이다. 사회적으로 고립되거나 내성적인 사람에서 보이는 것으로 다른 가족구성원에게서 자신과 그들의 감정을 철회하고 분리시키려는 욕구를 표현한 것으로 해석된다.
종이접기	검사용지를 접어서 몇 개의 사각 형태를 만들고 그 안에 가족구성원을 그리는 구분의 극단적인 양식으로, 가족관계 내에 존재하는 강한 불안이나 공포를 나타낸다.
포위	각 대상들 사이의 거리는 피험자가 본 구성원들 간의 친밀성 정도나 심리적인 거리를 반영하는 것이라고 할 수 있다.
가장자리	용지 주변에 표현하는 경우, 방어적이며 문제의 핵심에서 회피하려는 경향이 있다.
인물하선	자신이나 특정 가족구성원에 대해 불안감이 강한 경우에 대상의 아래에 선을 긋는 경우가 있다. 가족구성원 상호간의 인간관계의 불안정성을 시사하고 있다.
상하부선	상부에 그려진 선은 불안, 걱정, 공포가 존재함을 의미한다. 하부의 선은 강한 스트레스 하에 안정을 필요로 하고 구조 받고 싶은 욕구가 강할 때 나타난다.

대상의 행위

구 분	내 용
행위의 상호적 측면	행위의 상호작용 측면에서 가족 모두가 상호작용하고 있는가? 일부가 상호작용하고 있는가? 상호작용행위가 없는가에 따라 가족의 전체적 역동성을 파악할 수 있다.
가족 내 역할 유형	각 대상의 행위를 중심으로 가족 내 역할 유형을 알 수 있다. 행위에 대한 해석은 그림의 양식, 상징 등을 함께 고려하여 전체적 관점에서 해석되어야 한다.

I 가족화의 이해

컬러별 상징

컬러		내용
Red	양(陽):	실행력, 열정, 생명력, 지배력, 강인함, 리더십, 외향성, 획득력, 용기, 현실적, 명확함, 강한 정체성, 의지력, 따뜻함, 역동성
	음(陰):	파괴력, 공격성, 본능성, 즉흥적, 권위적, 격렬함, 단순함, 오만함, 분노, 고통, 흥분, 무례, 폭발력, 노여움, 죽음, 전쟁, 광란, 위험, 무력감
Orange	양(陽):	자유, 개방, 활력, 기쁨, 사교, 양기, 자기애, 창의력, 생기, 자기확신, 본능성, 창조성, 원기, 사회성, 융통성, 밝음
	음(陰):	가벼움, 억압, 고독, 열등감, 사치, 화려함, 경망함, 권세, 요란함, 자극적, 흥분, 동요, 극도의 애정결핍, 자기과시
Yellow	양(陽):	빛, 행복, 희망, 기대, 변화, 지혜, 낙관적, 향상심, 기쁨, 유연성, 나눔, 명랑함, 밝음, 호기심, 환상, 따스함, 외향성
	음(陰):	질투, 예민함, 소심함, 변덕, 교활함, 비겁함, 신경질, 불만, 유아적, 자기과대평가, 질병, 연약함, 외로움, 어두움
Yellow Green	양(陽):	성장, 편안함, 부드러움, 순수함, 상냥함, 배려심 있는, 온화함, 친절함, 바른, 사랑, 따사로움, 쾌활함, 자유로움, 섬세함, 교육, 배움
	음(陰):	의존적, 보호욕구, 허약함, 불안, 센티멘탈, 상실함, 경쟁심, 소극적, 억제, 미성숙, 대인공포
Green	양(陽):	균형, 치유, 관대함, 조화로움, 생명, 성장, 건강, 일체성, 겸손함, 충성, 평등, 회복, 순수, 젊음, 평화, 안전, 이상, 안락함, 배려
	음(陰):	정체, 정지, 피로, 욕심, 거짓, 죽음, 인색함, 잔인함, 소유, 부정직함, 이기적, 무관심, 자기만족적, 과로, 완고함
Blue	양(陽):	신뢰, 책임감, 성실함, 소박함, 순진함, 침착함, 소통, 인내, 계획성 있는, 지성적인, 사고적인, 충실함, 공식적인, 모성, 내면의 탐색, 진지함
	음(陰):	차가움, 보수적, 무력감, 공허함, 내향성, 관계도피, 소극적, 성실함, 냉담함, 반성, 우울, 고립, 불안, 권태로움, 환상의 몰입

I 가족화의 이해

컬러		내용
Indigo	양(陽):	객관적, 냉철함, 분석력, 현실적 이상주의, 높은 집중력, 직관력, 안정, 계획성, 철저함, 정숙, 합리적, 완벽함, 극도의 고요함, 성숙
	음(陰):	편협함, 고립, 권위적, 독단성, 냉철함, 차가움, 독설적, 엄격함, 비판적, 위협적인 불신, 두려움, 우울감, 혼돈, 인내, 심한 내향성, 보수적
Purple	양(陽):	탁월성, 정신력, 영적지도자, 창의력, 회복력, 위엄, 지혜, 영감, 직관, 매혹적인, 신비로움, 신성, 영적인 힘, 이상주의, 헌신, 박애정신, 고상함
	음(陰):	우울, 독단, 오만, 불안정, 자기과대평가, 의심, 포기, 죽음, 병, 고통, 고난, 불신, 무책임, 노여움, 멸망, 광기, 불행, 허약함, 정신적 충격
Brown	양(陽):	안정, 충실함, 풍요로움, 끈기, 검소, 순박, 고난의 극복, 견실함, 강한 의리, 겸손함, 평화로움, 차분함, 탄탄함, 넉넉함
	음(陰):	억압, 고집, 자기기반의 불안, 자신감 상실, 건조함, 가난, 욕구불만, 불평, 현실도피, 완고함, 궁핍함, 노여움, 소외감, 신체적 병약감
Gray	양(陽):	안전, 중용의 마음, 지혜, 중립, 끈기, 성숙, 신중함, 참회, 차분함, 회개, 고상함, 강인함, 무게감, 관대함, 자유로움, 평정의 마음, 용서
	음(陰):	혼란, 애매함, 고독, 우울, 의기소침, 고집스러움, 은폐, 무감각, 미결정, 무기력, 불분명, 비관함, 현실외면, 슬픔
White	양(陽):	초월, 영적 풍요로움, 완전함, 고결함, 순결함, 투명성, 맑음, 경이로움, 충만함, 성스러움, 출발, 탄생, 관대함, 청결, 정화, 치유, 통찰력
	음(陰):	강박성, 심리적 압박감, 경계심, 예민함, 불안감, 실패, 인색함, 예민, 비어있음, 공허함, 집착, 차가움, 두려움, 현실불만족
Black	양(陽):	절대적인 힘, 지배력, 권력, 위엄, 진지함, 엄숙함, 신비로움, 강력함, 출발, 통합, 융합, 합하여지는 힘, 이상세계, 세련됨, 충만함
	음(陰):	파괴, 상실, 압박, 위압감, 가둠, 억압, 강요, 혼돈, 혼란, 어두움, 종말, 사악함, 육체적 본능, 타락, 극도의 부정

II 동물가족화의 이해

🐾 동물가족화란?

동물가족화는 가족을 동물로 표현해보는 기법으로 가족의 성격특성과 관계경험, 가족 간의 역동성을 파악할 수 있는 투사적 그림검사입니다. 가족을 상징하는 동물을 골라 색을 칠한 후 오려 붙이도록 하는 기법입니다.

선택된 각 동물들은 해당동물의 고유의 색이 아닌, 가족으로 떠올렸을 때 느껴지는 색으로 칠하면서 가족에 대한 이해를 더욱 높일 수 있습니다.

실시 방법 및 적용

- **목표**
  가족의 성격 특성 및 가족 간의 역동성을 파악

- **준비물**
  종이(A4, 8절, 용지 크기는 다양하게 준비), 크레파스, 풀, 가위, 동물그림

- **실시방법**
  ① 가족 구성원의 성격, 역할, 가족 내 위치를 생각합니다.
  ② 떠오른 동물을 도안집에서 선택하여 표정을 그립니다.
  ③ 원하는 색으로 컬러링 한 후 원하는 공간에 배치, 붙여줍니다.
  ④ 전체 배경을 꾸미고 가족들이 무엇을 할지 생각합니다.
  ⑤ 동물가족화가 완성 된 후 질문지에 답을 적어봅니다.(질문지 32p 참조)

> *아동에게 실시할 경우, 다음과 같은 지시문을 사용할 수 있습니다.
> "동화 속에서 동물이 사람으로 변하기도 하고, 사람이 동물로 변하기도 하지요. 자, 가족이 동물로 변했다고 상상해 보세요. 가족을 어떤 동물로 표현할 수 있을까요? 나를 포함해서 가족 모두의 동물을 선택하고, 떠오르는 색으로 칠해보세요. 그림을 다 그린 다음 그린 순서를 적고 누구를 그려넣은 것인지 질문지에 써보세요.

II 동물가족화의 이해

※ 같은 동물이라도 표정이나 크기, 방향 등이 다를 수 있으므로 다양한 표정의 동물들을 살펴보도록 안내하며 표정이 없는 동물에 자유롭게 표정을 그려 넣을 수 있습니다. 그려진 표정을 통해 가족 구성원을 향한 보다 정확한 마음 상태를 파악할 수 있다. 단, 그림 모양이나 크기, 위치, 방법에 대해서는 어떠한 단서를 주어서도 안되며 질문에는 "자유입니다. 하고 싶은 대로 하면 됩니다." 라고 답합니다.

• 상담적용

① 동물가족화는 동물이 주는 상징성과 친숙함으로 언어능력이 부족하거나 연령이 어린 유아 및 아동에게 매우 효과적인 가족체계 진단 검사입니다.
② 동물가족화는 직접적 대상을 우회하여 동물에 투사하므로 심리적 방어를 낮출 수 있으므로 자기 개방이 어려운 대상 혹은 저항적인 청소년들에게 유용하게 활용됩니다.
③ 가장 먼저 떠오른 동물의 순서에 따라 가족 내 친밀한 대상이 누구이며 관계 내 역동이 어떠한지에 대한 내담자의 생각을 탐색할 수 있습니다.
④ 가족을 표현하는 데 있어 가장 어려웠던 사람은 누구인지, 어떤 부분이 힘이 들었는지를 이야기하며 그린 사람의 마음을 공감할 수 있습니다.
⑤ 다른 가족은 자신을 어떤 동물로 표현할 수 있을지에 대해 생각해 보고 만약 서로 표현이 다르다면 어떤 부분 때문인지 이야기를 나누어 보면서 서로를 이해할 수 있습니다.
⑥ 활동 과정 중 내담자가 보인 행동을 잘 관찰하고 그에 대한 생각을 공유함으로써 내담자의 마음을 충분히 수용해 줄 수 있습니다.

II 동물가족화의 이해

🐾 땅 위를 걷는 동물

공룡	크다, 힘이 세다, 위협적, 공격적, 파괴적인, 두려운, 강력한, 강함, 순한, 덩치가 큰, 거대한, 상상속의 힘, 식욕이 큰, 탐욕스러운, 멸종, 우두머리
코끼리	거대함, 든든함, 부의 상징, 어린왕자, 집단생활, 보호, 온순한, 평화주의, 예지능력, 지혜, 초토화, 파괴력, 힘, 사랑스러운, 대식가, 사나운 공격성, 강한 모성, 독립, 장수하는, 높은 지능
곰·팬더	인내, 끈기, 힘, 두려움, 강력한, 낙천적, 큰, 민첩한, 위험한, 온건한, 강한 회피, 충동성, 푸근한, 든든한, 예민, 게으른, 답답한, 느린, 여유로운, 귀여운, 우스꽝스러운
사자	가부장적인, 강하다, 공격성, 날카로운 이빨, 두려움, 리더, 멋진, 무리, 빠르다, 사납다, 싸움, 완고하다, 용맹하다, 위엄, 인자함, 최고, 크다, 폭력성, 힘
호랑이	강인하다, 공격, 권위, 기회, 날카롭다, 동물의 왕, 두려움, 맹수, 멋있다, 모성애, 민첩하다, 백호, 부지런하다, 야생동물, 영리하다, 용맹하다, 정의롭다, 혼자 사는, 힘
코뿔소·하마	우직함, 생활 적응력이 좋은, 은둔, 회피, 몸이 둔함, 느리게 움직임, 무던함, 맹목적, 돌진, 주변에 둔감함, 강한 힘, 추진력, 귀여움, 무겁다, 귀닫기, 온순함, 야행성, 단독생활
기린	길다, 키, 목, 귀여움, 속눈썹, 큰눈, 노란색, 얼룩무늬, 초식동물, 약함, 사랑, 화목, 뻣뻣함, 경직, 과묵한, 시력이 좋은, 예민한, 사나운, 매우 빠른, 집요한
소	게으름, 고집이 세다, 구슬픈 눈, 근면, 끈기, 노동, 농사, 맑은 눈, 묵묵하다, 부지런하다, 선하다, 성실하다, 송아지, 시골, 온순하다, 우직하다, 함께, 힘들다
말	강인하다, 건강함, 근육, 날렵하다, 매끈하다, 멋있다, 백마, 빠르다, 생동감, 속도, 승부, 야생, 에너지, 역동적, 육감적인 몸매, 질주, 품위, 활동적이다, 힘이 세다, 힘찬
얼룩말	희귀한, 야생의, 난폭한, 멋진, 특이한, 힘, 사회화, 안전, 자유로운, 생존을 위한 방어, 무리 짓는, 공생하는, 감각이 좋은, 혼돈, 방어, 지구력이 낮은
낙타	강인한, 생존력, 희생, 충성스러운, 순하다, 고난극복, 우직하다, 인내, 힘듦, 고생, 지친, 갈증, 짐꾼, 덩치가 큰, 저장하는, 잘먹는, 충동적인, 성질이 나쁜
여우	지능적, 지혜로운, 교활한, 민첩한, 욕구적인, 영특함, 간사함, 방정맞은, 간사함, 속임수, 단독생활, 외로움, 야행성, 충성심, 애교, 영리함, 변신, 까다로움, 귀여움
늑대	힘, 권력, 위험, 공격, 두려움, 변화, 집단, 무리, 강한 식욕, 야행성, 소리로 하는 의사소통, 강한 모성, 꼿꼿한 귀
고릴라	지배력, 과시, 위축감, 늘어짐, 무기력, 따뜻함, 모성, 돌봄, 진지함, 과묵함, 리더쉽, 신중함, 힘이 쎈, 외로움, 공격성, 충실함, 온순함, 귀여움, 영리한, 무리생활
원숭이	개구쟁이, 교활하다, 귀엽다, 까다롭다, 깐죽거리다, 꾀돌이, 날렵하다, 눈치, 똑똑하다, 심술, 약삭빠르다, 알밉다, 영리하다, 요령, 잔머리, 재주꾼, 정신없다, 활동적이다
너구리	귀여운, 겁이 많은, 음흉한, 교활한, 요괴, 능글맞은, 배신, 통통한, 움직임이 둔한, 똑똑한, 애교가 많은, 밤에 빛나는, 습격하는, 모피, 너구리굴, 겨울잠, 숙주, 높은 적응력
코알라	모성애, 편안한, 의존, 도움, 귀여운, 느린, 게으름, 굼뜬, 인식과 다른 민첩함, 졸린, 잠이 많은, 외로운, 주변을 신경 안 쓰는, 무신경한, 자극에 민감한, 사나운

II 동물가족화의 이해

동물의 상징적 의미

동물	상징적 의미
캥거루	겁이 많은, 멀리보는, 움직이지 않는, 느린, 양육적, 돌봄, 모성애, 힘 있는, 앞만 보는, 저돌적, 보살피는, 과잉보호, 귀여운, 강인한, 빠른, 싸움, 힘이세다, 무리생활, 점프
사슴	불안, 섬세함. 귀여운, 놀란, 긴장한, 따뜻한, 길조, 순한, 평화, 불로장생, 선량, 우아함, 순결, 뿔이 있는, 예민한, 빠른, 단단한, 송곳니, 장대한 엄니
타조	빠른, 공격적, 힘이 센, 부주의한, 맹목적, 목이 긴, 키가 큰, 주변을 두리번거리는, 장식품, 날수 없는 새, 가장 큰 새, 무거운, 강한 발, 뛰어난 시력
양	편안한, 평온한, 포근한, 부드러운, 바로 앞에 것만 보는, 주변을 살피지 못하는, 민감한, 고집스러운, 시력이 좋은, 무리생활, 귀여운, 뚱뚱한
돼지	게으르다, 귀엽다, 더럽다, 돈, 뚱뚱하다, 많이 먹는다, 무식하다, 번식, 복, 부자, 사육, 시끄럽다, 식탐, 엉뚱하다, 우둔하다, 잡식, 탐욕스럽다, 통통하다, 편하다
개	가족, 귀엽다, 눈치가 빠르다, 동반자, 떠돌이, 반가움, 보호, 사람과 가깝다, 사랑스럽다, 살갑다, 선하다, 순종, 시끄럽다, 애교, 영리함, 온순하다, 용맹하다, 우직하다, 충견, 친숙하다
고양이	개인주의, 교활하다, 귀엽다, 까칠하다, 날카롭다, 도도하다, 두려움, 무섭다, 불쌍하다, 신비롭다, 앙칼지다, 애교, 야행성, 얄밉다, 영리하다, 영악하다, 예민하다, 이기적이다
토끼	가볍다, 겁이 많다, 겁쟁이, 귀엽다, 꾀가 많다, 똑똑하다, 빠르다, 사랑스럽다, 소심하다, 애교스럽다, 약삭빠르다, 연약하다, 예쁘다, 잘 듣는다, 쫑긋하다, 총명하다
다람쥐	바쁜, 기억 못하는, 쳇바퀴 도는, 빠른, 약한, 작고 귀여운, 많이 먹는, 저장하는, 외로운, 운반을 잘하는, 혼자노는, 주시하는, 끈기있는, 이갈이, 이빨
고슴도치	방어적, 소심, 경계, 보호, 두려움, 날카로움, 예민, 뻣뻣한, 부모의 사랑, 부드러움과 날카로움의 공존, 사랑스러운, 잡식성, 귀여운, 애교가 있는, 날선
쥐	부지런한, 약삭빠른, 지혜, 다산, 적응, 민첩, 두려움, 생존력이 강한, 인정받는, 꾸준함, 야행성, 잡식성, 뛰어난 청각과 후각, 번식력, 재물, 복
닭	멋진, 화려한, 부지런한, 우두머리, 늠름, 당당하다, 친근한, 멍청한, 머리 나쁨, 주장이 센, 아침을 알리는, 시작, 싸움꾼, 공격적인, 요란스러운
병아리	어린아이, 여린, 약함, 작은, 의존적인, 병약한, 힘이 없는, 귀여운, 사랑스러운, 밝은, 가슴 앓이 하는, 시끄러운, 성장, 급히 변화하는, 낮은 생명력
오리	뒤뚱거리는, 시끄럽다, 친근하다, 천진난만한, 엉뚱한, 씩씩한, 소란스러운, 내숭, 놀람, 귀여운, 사회성, 무리를 따라가는, 바쁜, 오리발, 외로움
도마뱀	꿈, 환상, 깨달음, 예민, 똑똑, 민첩한, 보호적, 도망, 재생능력, 변신의 귀재, 동화능력, 밀착력, 빠름, 흡착 발바닥, 장수, 야행성
뱀	강함, 방어, 생존, 지혜, 다산, 생명, 공격, 교활, 사악, 간사함, 죄악, 혐오, 소름, 공포, 위험, 유혹, 속임수, 저주, 섬뜩, 비겁, 음탕함, 표독스러운

II 동물가족화의 이해

▼ 물 속을 헤엄치는 동물

고래	거대하다, 멋있다, 묵묵하다, 바다의 왕, 범접하기 어려움, 순하다, 신비로움, 엄마 품, 역동적이다, 온순하다, 온화하다, 웅장하다, 자유, 착하다, 친근함, 편안하다, 포근함, 힘이 세다, 힘차다
돌고래	귀여운, 친근, 순하다, 희망적, 애교, 우정, 순수, 행운, 자유, 꿈, 행복, 포용력, 모성, 온화함, 애정 욕구, 덩치가 큰, 기쁨을 주는, 청력이 좋은, 소통하는, 머리가 좋은
상어	강함, 공격, 힘 있는, 무서운, 권력, 명예, 지위, 날렵, 빠른 움직임, 잔인한, 화가 난, 공포, 두려움, 시력이 좋은, 거대한, 폭력적인, 날카로운
악어	공격적이다, 공생, 공포, 날카롭다, 두려움, 매력 있다, 무섭다, 사악함, 양면적 이미지, 음흉하다, 잔인하다, 징그럽다, 탐욕, 포악하다, 힘이 세다
펭귄	뒤뚱거리는, 헌신적인, 즐거운, 신사적인, 물에서 자유로운, 귀여운, 친밀함, 엉뚱한, 함께하는, 우스꽝스러운, 호기심 많은
문어	공격하다, 달라붙다, 미끈거리다, 부정적 모성, 뿜어내다, 영리하다, 옭아매다, 유연하다, 징그럽다, 찰거머리, 흐물흐물하다, 힘이 좋다, 크다, 변덕스러움, 답답함, 끈기
오징어	물컹거리다, 밀착 관계, 부정적 모성, 뿜어내다, 오그라든다, 질기다, 징그럽다, 친근하다, 못생긴 사람, 흐물거림, 자유로움, 생명력, 달라붙다, 끈질기다, 위협적이다
거북	근면, 꾸준함, 끈기, 느긋하다, 느림보, 둔하다, 딱딱하다, 단단하다, 답답하다, 속 터짐, 수명, 숨기다, 신성하다, 엉금엉금, 오래되다, 여유, 인내심, 의지가 강하다, 장수, 현명하다
해파리	공격, 도전, 사랑, 수용, 균형, 믿음, 직관, 감수성, 출세, 재물, 성과
새우	연약, 작은, 화합, 지조, 충성, 금슬, 다산, 번성, 수확, 알레르기, 거부감, 미끌거리는, 친숙한, 웅크리는, 피해입은, 고생하는, 힘든, 투명한
꽃게	재물, 풍요, 기쁨, 친숙한, 일거리, 태양, 행운, 날카로운, 한쪽으로만 걷는, 고집스러운, 딱딱한, 야생의, 공격적인, 물어 뜯는, 떼쓰는, 까다로운
랍스터	으뜸, 고급스러운, 부, 독립, 고독, 장수, 불로장생, 재생, 단단한, 무거운, 몸을 가누기 힘든, 사냥하는, 강한 공격력, 변화하는(탈피하는), 성질이 급한
불가사리	게으름, 무기력, 무능력, 어둠속에서 빛나는 정신, 영적인 진리
물고기	풍요, 번창, 부귀, 평안, 부지런한, 생명력, 양식, 자유로운, 즐거움의 욕구, 행운, 성적 만족, 다산성, 욕망, 미끄러운, 도망가는, 경계하는, 잘보는

II 동물가족화의 이해

> 동물의 상징적 의미

🪶 하늘을 나는 동물

유니콘	정결, 신비로움, 몽환적, 신성, 희망, 잡을 수 없는 것, 이상적인, 우아함, 순결, 처녀, 신비로운, 독창성, 사납거나 유순한, 헌신적인, 야생의, 마법의, 환상
용	힘, 왕권, 권위, 통치자, 융합, 신비로움, 고귀함, 신령함, 신성함, 지혜, 큰 포부, 성취, 상상적인, 날카로운, 거대한, 사나운, 성스러운, 파괴적인
매/독수리	강인하다, 권위, 긴장감, 낚아채다, 날카롭다, 높다, 두려움, 매섭다, 예리하다, 멀리보다, 멋있다, 목표, 민첩하다, 빠르다, 숲을 보다, 완고하다, 용감하다, 감시자
올빼미	감시자, 깜깜하다, 밤에 깨어 있다, 소리, 야행성, 외로움, 음침한, 음흉한, 시선, 응시하다, 지혜롭다, 집중력, 포식자, 호기심, 시간, 사냥꾼, 안경, 눈
박쥐	어두운, 공포, 기회주의, 음흉한, 무리 짓는, 위협적, 회피적, 양가적인, 더러운, 무서운, 암울한, 바이러스, 동굴, 악
까마귀	죽음, 건망증, 문맹, 영리한, 지혜, 지능이 높은, 재치, 위풍당당함, 미래를 바라보는, 경고, 강건한, 높은 사회성, 협동심 있는, 소리를 내는, 효심이 깊은, 은혜갚는
까치	길조, 희망, 새소식, 희망, 행운, 기쁨, 미래 예견, 머리가 좋은, 성서로움, 적응력이 강한, 소리가 큰, 사냥꾼, 조폭, 성질이 사나운, 호전적인, 협공하는
비둘기	겁 없는 새, 공포, 더럽다, 도시, 뚱뚱하다, 무리, 불결한 위생, 성령, 소식, 순결, 순하다, 온유하다, 원망, 유해동물, 자유, 친근하다, 편지, 평화, 행복, 희망, 소식
기러기	긴 항해, 떠돌이, 자유로움, 비상, 비전이 있다, 동경, 비행, 빠르다, 아름답다, 무리 짓기, 서열, 이동, 외로움, 끈기, 여행, 함께하는, 금슬이 좋은, 공격성이 높은, 야생의, 협동하는
학	우아한, 장수, 행운, 세속을 벗어난, 풍류, 조화로운, 아름다운, 청순한, 처녀, 신선, 신령한, 날씬한, 지능이 높은, 춤, 연약해 보이는, 날카로운, 시력이 나쁜
공작	과시하다, 도도하다, 멋있다, 뽐내다, 섹시하다, 숨기다, 슬픔, 신비롭다, 아름답다, 알록달록하다, 여왕, 우아하다, 무대주인공, 자아도취, 장식, 펼치다, 화려하다

🐾 참고자료

Burns, R. C., & Kaufman, S. H. (1970). *Kinetic Family Drawings: An introduction to understanding children through kinetic drawings*. New York: Brunner/Mazel.

Burns, R. C. (1990). *A guide to family-centered circle drawings*. New York: Brunner/Mazel.

최외선 (2004). 『동적가족화와 심리진단』. 중문출판사

이근매, 아오키 도모코 (2017). 『그림과 미술작품의 이해를 돕는 상징사전』. 학지사.

한국예술심리상담협회 (2015). 『인성교육실천 지미. 루미와 함께 하는 캐릭터북』. 도서출판 비채.

여한구, 박경화 (2021). 『색채심리 : 12색을 활용한 심리 분석 및 상담』. 도서출판 비채.

II 동물가족화의 이해

🐾 **동물가족화 사례 1**

제목 : 북기사코(북극곰, 기린, 사자, 코끼리) (7세, 남)

1. 동물가족들은 무엇을 하고 있나요?

   놀러 나왔어요.

2. 동물가족들의 기분은 어떠한가요?

   나는 기분이 좋고, 할머니도 조금 좋아요. 다른 가족들은 그냥 그런 것 같은데..

3. 가족과 닮았다고 생각한 동물을 그린 순서대로 적어보세요. 닮았다고 생각한 이유도 설명해 주세요.

   할머니 : 곰이요. 숲에는 곰이 있으니까, 무서운 곰 말고 신난 곰이랑 어울려요.
   엄마 : 기린 닮았어요. 약간 놀란 것 같기도 하고 표정이 닮았어요.
   형 : 사자요. 가만히 있다가도 갑자기 막 화를 내고 자기 맘대로만 하려고 해요.
   나 : 코끼리요. 아기코끼리랑 닮았다고 할머니가 이야기해서요.

4. 우리 가족 동물, 무슨 색으로 칠했나요? 색 선택의 이유가 무엇일까요?

   할머니 : 그린이요. 자연을 좋아하고 밖에 나왔으니까 좋아할 것 같아서요.
   엄마 : 노란색. 엄마는 언제나 우리말고 다른 것만 봐요.
   형 : 레드요. 건드리면 안되는 불덩어리에요. 근데 형은 좀 슬퍼보여서 비가와요.
   나 : 오렌지요. 즐거워서요. 하늘에 해도 떴어요.

5. 그림에서 바뀌었으면 하는 동물이 있나요?

   함께 얼굴을 보면서 웃으면 좋겠어요.

II 동물가족화의 이해

🐾 동물가족화 사례 2

제목 : 제발 내 말 좀 들어줘! (중2, 여)

1. 동물가족들은 무엇을 하고 있나요?

   시끄러운 닭과 고릴라가 대화하고 있다.

2. 동물가족들의 기분은 어떠한가요?

   모두 다 기분이 나빠요.

3. 가족과 닮았다고 생각한 동물을 그린 순서대로 적어보세요. 닮았다고 생각한 이유도 설명해 주세요.

   아빠 : 고릴라요. 듣는 척 하지만 관심도 없어요. 귀를 막고 있는지...소리 질러야해요.

   동생 : 닭. 혼자 어디에선가 자기 소리를 내요.

   나 : 닭. 나는 아빠에게 이야기를 계속 하고 있어요.

4. 우리 가족 동물, 무슨 색으로 칠했나요? 색 선택의 이유가 무엇일까요?

   아빠 : 갈색. 관심도 없고 듣지도 않고 원래는 검정색이지만, 맨날 무채색 같은 느낌이기 때문에 좀 더 색을 넣어줬어요.

   동생 : 노랑. 자기관심사에 따라 원하는 대로 다녀서요.

   나 : 빨강. 강하게 내 이야기를 하려는 모습이에요. 좀, 들었으면 좋겠어요.

5. 그림에서 바뀌었으면 하는 동물이 있나요?

   서로 관심을 가지고 상대의 소리에 귀 기울였으면 좋겠어요.

II 동물가족화의 이해

🐾 **동물가족화 사례 3**

제목 : 다르지만 같은 가족 (고2, 여)

1. 동물가족들은 무엇을 하고 있나요?

엄마는 가족들을 지켜보고 있어요.
아빠는 다른 곳을 보고 있지만 가족을 지키고 있어요.
오빠는 딴 생각을 하고 있나 싶은데 무슨 생각인지 모르겠어요. 가족 중 제일 신기한 성격이에요.
전 아무것도 안하고 있어요.

2. 동물가족들의 기분은 어떠한가요?

다들 기본적으로 둥해보이는데 사실 다들 별 생각 없어요.

3. 가족과 닮았다고 생각한 동물을 그린 순서대로 적어보세요. 닮았다고 생각한 이유도 설명해 주세요.

엄마 : 곰. 곰은 화나면 사람을 찢어요. 그만큼 나를 힘들게 하는거죠.
아빠 : 고릴라. 기본적으로 둔해요. 별 관심이 없죠. 전, 그게 편해요.
나 : 펭귄. 잘 모르겠는데 둥한 것이 아빠와 닮았어요.
오빠 : 고양이. 쟤는 뭘 하는건지... 알고 싶지도 않아요.

4. 우리 가족 동물, 무슨 색으로 칠했나요? 색 선택의 이유가 무엇일까요?

엄마 : 검정+흰 바탕+파랑. 성격이 이랬다 저랬다 종잡을 수 없어요.
아빠 : 파랑. 자기주장이 세고 고집이 있어요.
나 : 파랑하고 흰색. 엄마 아빠 반반 닮았으니까요.
오빠 : 주황색. 자기만 특별해요. 뭐가 그리 잘났는지...

5. 그림에서 바뀌었으면 하는 동물이 있나요?

엄마가 좀 더 느긋한 인상으로 바뀌었으면 좋겠어요. 그리고 아빠의 시선이 좀 안으로 향했으면 해요.

II 동물가족화의 이해

🐾 **동물가족화 사례 4**

제목 : 각자의 삶 (23세, 여)

1. 동물가족들은 무엇을 하고 있나요?

각자 자기일과 루틴 업무를 수행하며 조화를 이루려고 노력하고 있어요.

2. 동물가족들의 기분은 어떠한가요?

엄마: 불안하지만 좋은 기분 같네요.
아빠: 기분이 좋은듯 하네요.
오빠: 항상 긴장돼 있고 긍정적이지만 염세적인? 기분을 느끼고 있어요.
나: 침착함을 유지하려고 하며 평온한 기분으로 보여요.

3. 가족과 닮았다고 생각한 동물은 무엇일까요? 이유도 설명해주세요.

엄마 : 토끼. 집 밖에 모르고 가족이 만들어 놓은 울타리 안에서만 살아서요.
아빠 : 말. 항상 열심히 성취하려는 모습, 지치지 않는 경주마 같아요.
오빠 : 원숭이. 원하는 것도 많고 엄청 빨리 잘해서요.
나 : 양. 남들은 유순한 줄 알지만 사실 내면은 그렇지 않거든요.

4. 우리 가족 동물, 무슨 색으로 칠했나요? 색 선택의 이유가 무엇일까요?

엄마 : 연두색. 착하고 순해요. 늘 가족만 생각하는 분이라서요.
아빠 : 파랑색. 음... 그냥 아빠는 자기에게만 집중되는 사람 같아요.
오빠 : 빨간색. 뭐든 열정적으로 해내는 재능이 있다고나 할까?
나 : 보라색. 평범해 보이지만 나는 나만의 무언가가 있어요. 좀 특별한...

5. 그림에서 바뀌었으면 하는 동물이 있나요?

토끼. 자신의 세상을 넓힐 수 있었으면 좋겠어요.

II 동물가족화의 이해

🐾 동물가족화 사례 5

제목 : 현재 우리 가족 (32세, 남)

1. 동물가족들은 무엇을 하고 있나요?

    각자 자신의 위치에서 할 일을 하고 있습니다.

2. 동물가족들의 기분은 어떠한가요?

    딱히 나쁘지 않은 것 같습니다. 기분에 대해서는 생각해보지 못했네요.

3. 가족과 닮았다고 생각한 동물을 그린 순서대로 적어보세요. 닮았다고 생각한 이유도 설명해 주세요.

    엄마 : 유니콘. 좀 화려하기도 하고 꾸미는 것도 좋아하시는데 화려한 머리와 독특한 뿔이 닮았네요.
    아빠 : 소. 열심히, 묵묵히 일하시고 가족내에서 중심에 있는데, 좀 슬퍼보이네요.
    나 : 거북이. 가족과 다른 방향으로 느리지만 자기 갈 길을 힘내서 걸어가는 중이예요.
    남동생 : 까마귀. 가족 중 가장 큰소리를 내며 말을 많이 해서 있을 때와 없을 때 차이가 많이 나요.

4. 우리 가족 동물, 무슨 색으로 칠했나요? 색 선택의 이유가 무엇일까요?

    엄마: 분홍색, 자신을 잘 가꾸고 늘 주변에 관심이 많으세요.
    아빠: 초록과 파랑색, 편안하고 한결같으시면서 말이 별로 없으세요.
    나: 초록과 갈색, 답답하고 느리고 참 무겁고 힘들겠다는 생각이 들어요.
    동생: 검정과 노랑색, 늘 움직임이 많기도 하고 어딜가나 튀는 아이예요.

5. 그림에서 바뀌었으면 하는 동물이 있나요?

    동생이 땅의 동물이 되면 좋겠어요. 혼자만 다른 세상에 있는 것 같아서요.

II 동물가족화의 이해

🐾 **동물가족화 사례 6**

제목 : 우리 가족 (60세, 남)

1. 동물가족들은 무엇을 하고 있나요?

나와 아내는 서로의 생각을 이야기하며 먼 발치에서 아이들을 바라보고 있습니다.
아이 두 명은 각자 독립하여 멀리 떨어져서 살고 있지만, 서로 우애가 좋아 도움을 주며 의지하고 있습니다.

2. 동물가족들의 기분은 어떠한가요?

나: 아내를 내려다 보며 그의 생각을 들어주려고 노력하는 중인데, 힘들어 보여요.
아내: 용에게 자신의 생각을 강하게 말하고 있는데, 화가 난 듯 보이네요.
아들: 자신의 세상에서 참, 편안해 보입니다.
딸: 오빠에게 종알대며, 기분좋게 이야기 하네요.

3. 가족과 닮았다고 생각한 동물은 무엇일까요? 이유도 설명해주세요.

나 : 용. 가장으로써 힘내야 하는 마음이 들어서 크고 힘이 쎈 용을 선택했어요.
아내 : 새. 아이들에 대한 걱정이나 생각을 자주 이야기하는데, 꼭 저 새의 모습과 같네요.
아들 : 유니콘. 평소에 온순하고 남의 이야기를 잘 들어주는 태도가 많이 닮아 보였어요.
딸 : 불가사리. 어디로 튈지 모르는 통통 튀는 즐거운 모습이 저 불가사리와 같아 보이네요.

4. 우리 가족 동물, 무슨 색으로 칠했나요? 색 선택의 이유가 무엇일까요?

나 : 검정색. 강하고, 힘있는 동물로 보이려고 칠했는데, 잘 한 것 같네요.
아내: 보라색. 자신의 입장을 늘 강하게 이야기 하려고 해서 떠올랐어요.
아들: 연두색. 우리 가족 중에 가장 유순하고 평안한 아이예요.
딸: 갈색과 주황색. 즐겁고 자유로운데 까칠하기도 한 성격이라서 그리 칠했어요.. 무언가가 있어요. 좀 특별한...

5. 그림에서 바뀌었으면 하는 동물이 있나요?

동물 변경보다도 물리적으로 점점 아이들과 멀어지는 것 같아 가깝게 있었으면 좋겠네요.

II 동물가족화의 이해

🐾 동물가족화 활용법

1. 자기 소개하기

- 나랑 가장 닮은 동물 도안을 선택해보세요.
- 색을 칠하고 비즈, 반짝이풀 등으로 꾸며주세요.
- 나를 닮은 동물이 좋아하는 것, 필요한 것 등을 주변에 적고 도화지를 꾸며보세요.
- 나를 닮은 동물에 이름을 붙여주고 닮은 이유를 친구들과 함께 발표해요.

🐾 동물을 활용한 자기소개를 통해 서로에 대한 호기심 및 친밀감을 높일 수 있습니다.

신나는 나 (10세, 여)   엉금엉금 (11세, 여)

2. 나의 감정 동물 만들기

- 화날 때, 즐거울 때, 슬플 때 등 나의 마음을 떠올려보세요.
- 한 장의 도화지에 상황에 따라 달라지는 내 감정들을 다양한 표정의 동물로 꾸며보세요.

🐾 여러 장면에서 다양한 나의 감정을 동물로 표현함으로써 나의 성향을 이해해 볼 수 있습니다.

오락가락 내 기분 (11세, 남)   내 마음 (9세, 여)

3. 나의 주변 살펴보기

- 집에서의 나, 학교에서의 나의 모습을 떠올려보세요.
- 내 주변의 친구들, 가족 그리고 나에게 중요한 사람들과 닮은 동물을 찾아보세요.
- 나에게 가장 중요한 순서를 정해 한 장의 도화지에 꾸며보고, 왜 중요한지 적어보세요. 또는 여러 장의 도화지에 각 장면(집, 학교 등)에서 나와 자신을 둘러싼 사람들을 떠올리며 꾸며볼 수 있어요.
- 🐾 자신을 둘러싼 주변의 인적 자원을 찾아보고 자신에게 영향력을 주는 사람들에 대해 생각해 볼 수 있는 계기가 됩니다.

집 : 날 좀 봐요 (11세, 여)   학교 : 쉬는 시간이 즐거워요 (11세, 여)

4. 같은 동물찾기 게임

- 먼저 동물 도안 5쌍을 준비 후, 바닥에 뒤집어 놓습니다.
- 돌아가면서 두 장씩 뒤집어 같은 동물이 나오면 카드를 가져갑니다.
- 동물카드를 많이 가진 사람이 승리합니다.
- 🐾 동물도안을 뒤집으면서, 주의집중력을 향상 시킬 수 있습니다.

II 동물가족화의 이해

5. 쥬밀리 Zoomilly

- 클레이를 둥글게 만들어 선택한 동물 그림을 꽂아 나만의 피규어를 만들어보세요.
- 놀이 피규어도 가능하고, 보드게임의 말로 사용할 수 있어요.
- 창의적인 보드 게임판을 만들어 재미있는 게임이 가능해요. 게임판 칸에 동물 이름을 적고, 정해놓은 규칙대로 게임을 진행합니다. 예를 들어, 사자에게 걸리면 토끼 그림 세 마리 주기, 원숭이에게 걸리면 원숭이 흉내내기 등 창의적인 게임판 만들기가 가능합니다.
- 🐾 규칙 수행에 따른 조절능력과 창의성, 사회성이 향상됩니다.

스마트스토어   You Tube

6. 동물 인형극 스토리텔링

- 마음에 드는 동물을 골라 종이컵에 홈을 내어 세우거나 빨대, 나무젓가락 등에 붙여주세요.
- 다양한 표정의 동물들로 창의적인 나만의 스토리를 만들어주세요.
- 배경을 만들면, 보다 재미있는 인형극이 될 수 있어요.
- 스토리텔링하며 서로의 생각을 이야기하고 조율하는 과정에서 관계성이 향상됩니다.

🐾 동물가족화 활용 장면

유아동   청소년

성인   가족

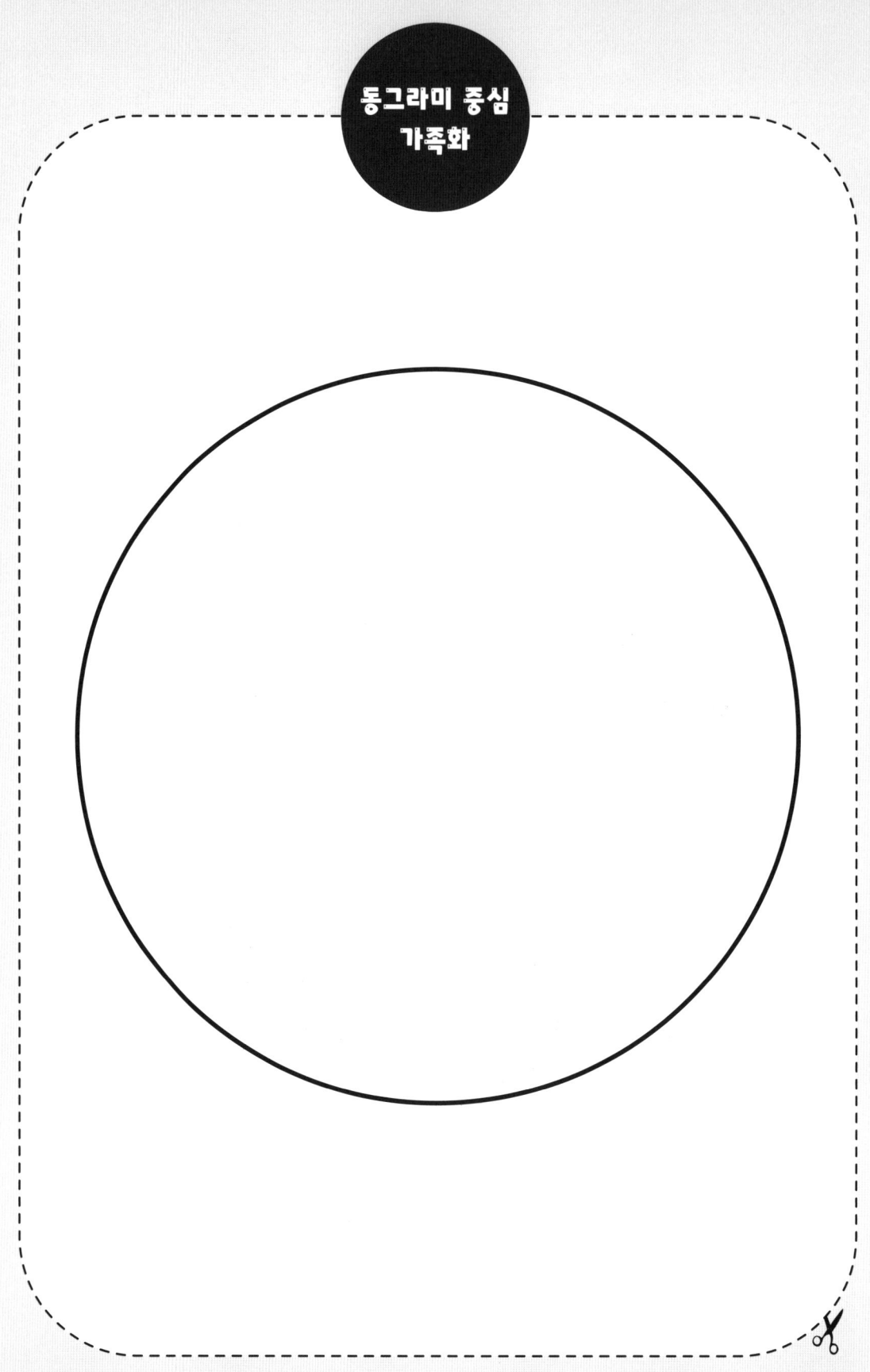

동물가족화 질문지

제목 _____

1. 동물가족들은 무엇을 하고 있나요?

2. 동물가족들의 기분은 어떠한가요?

3. 가족과 닮았다고 생각한 동물을 그린 순서대로 적어보세요.
   닮았다고 생각한 이유도 설명해 주세요.

4. 우리 가족 동물, 무슨 색으로 칠했나요? 색 선택의 이유가 무엇일까요?

5. 그림에서 바뀌었으면 하는 동물이 있나요?

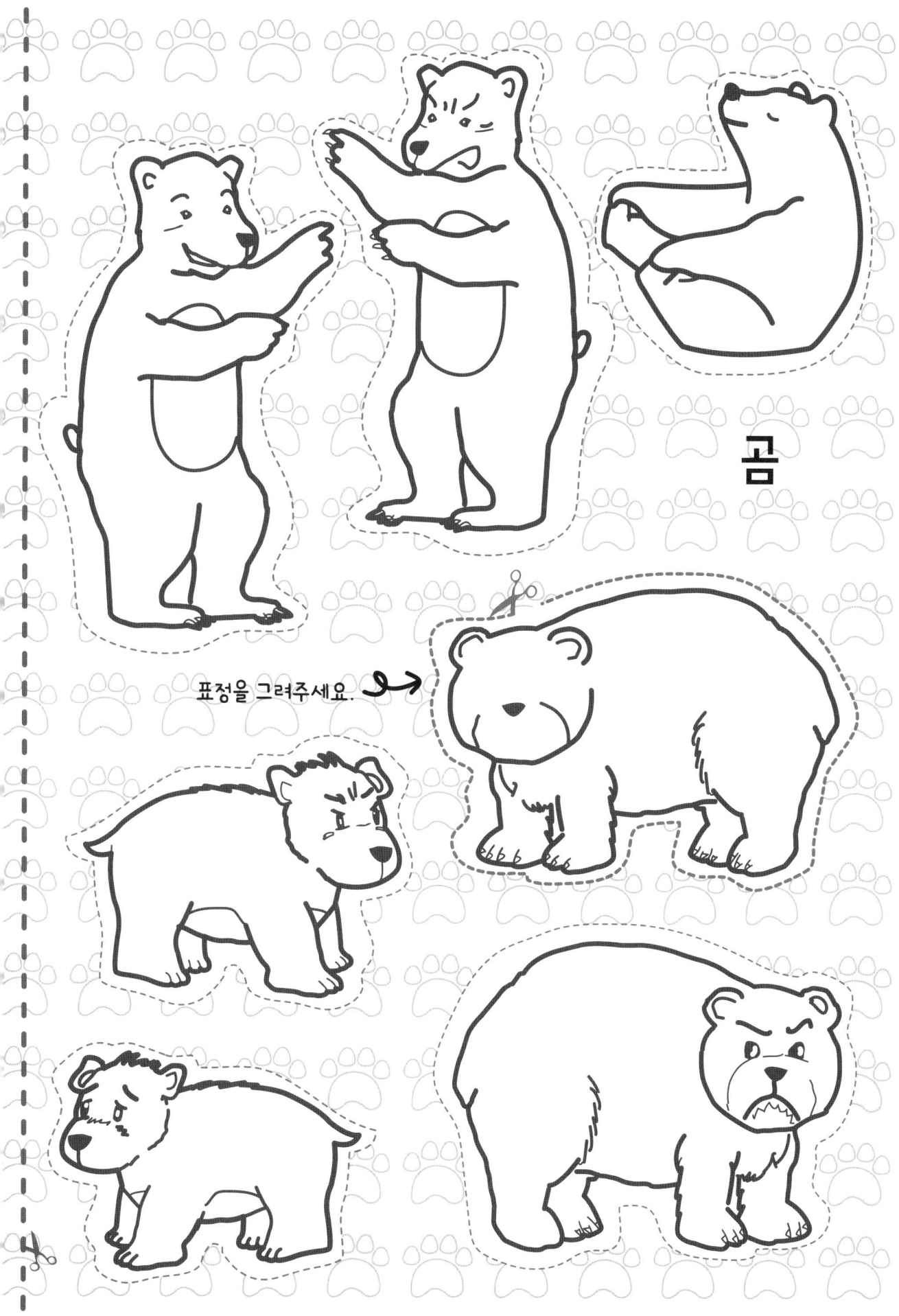

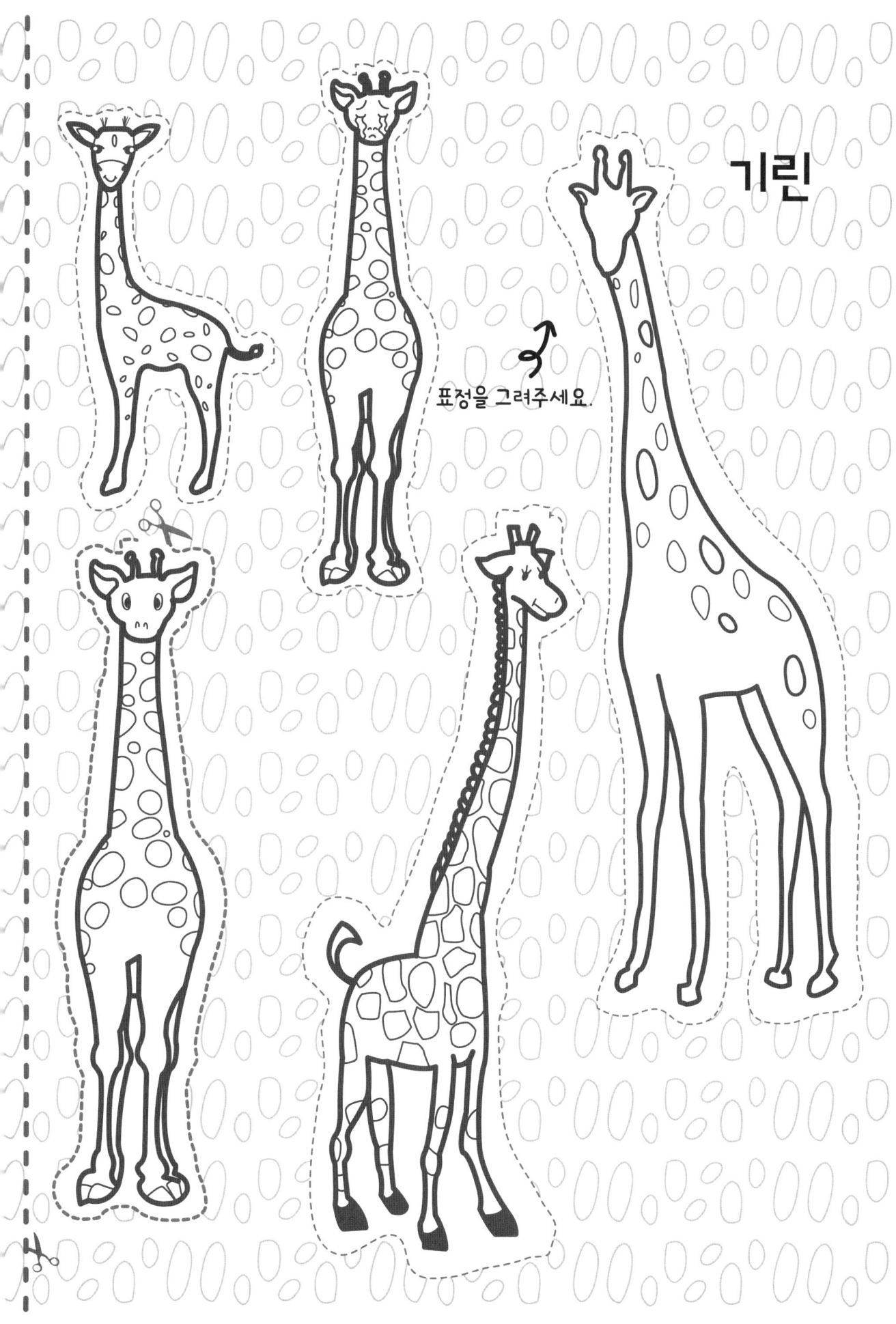

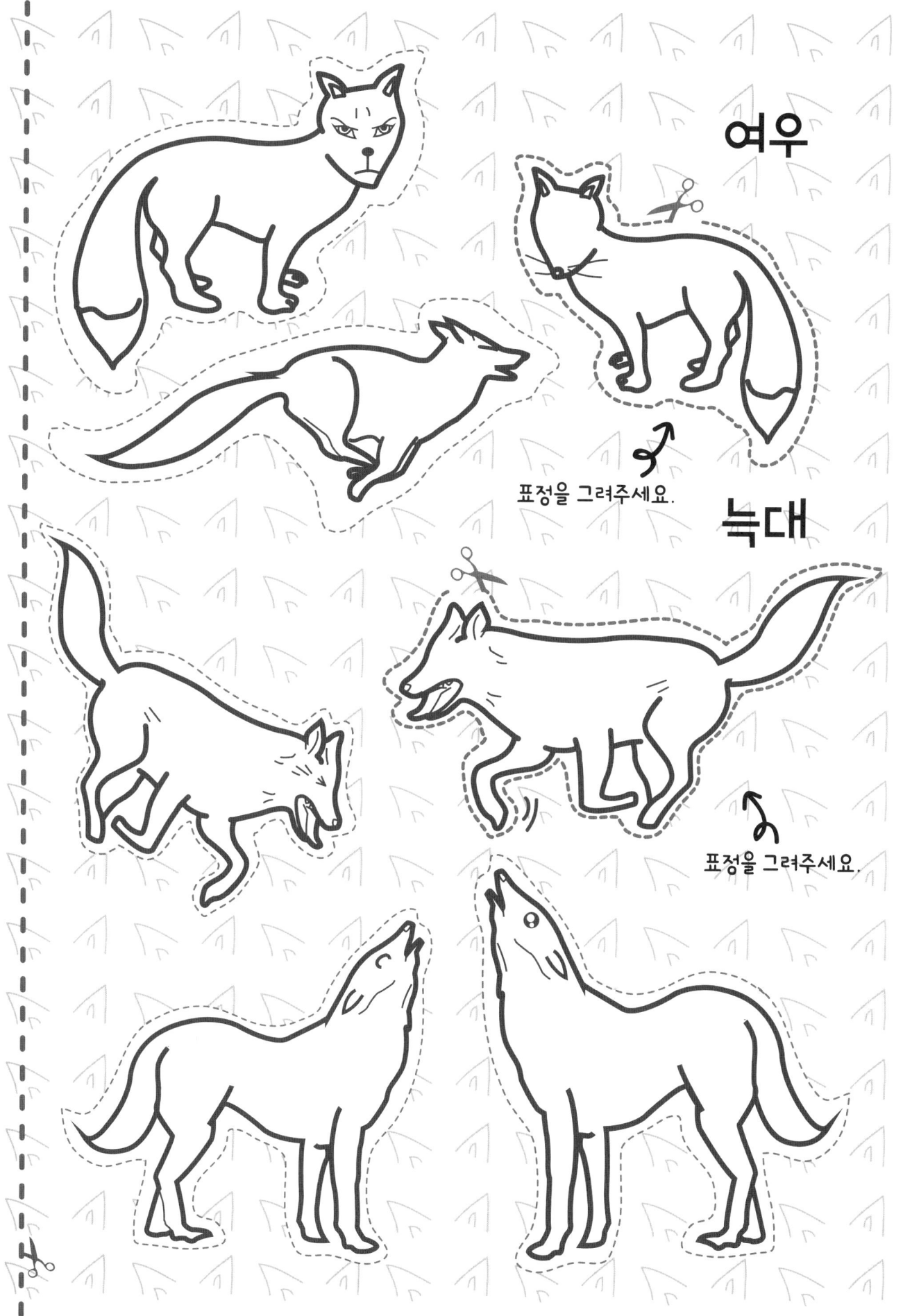

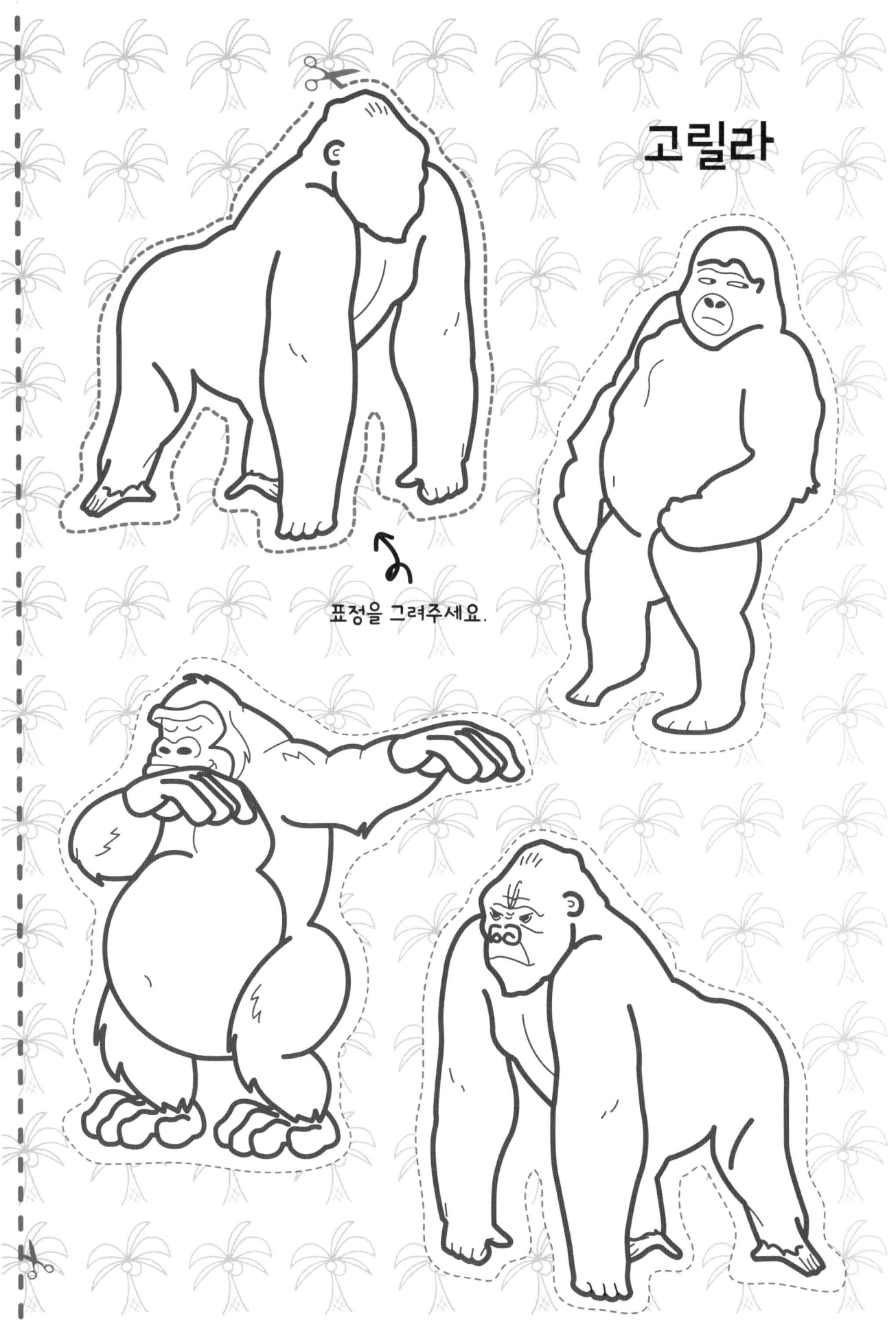

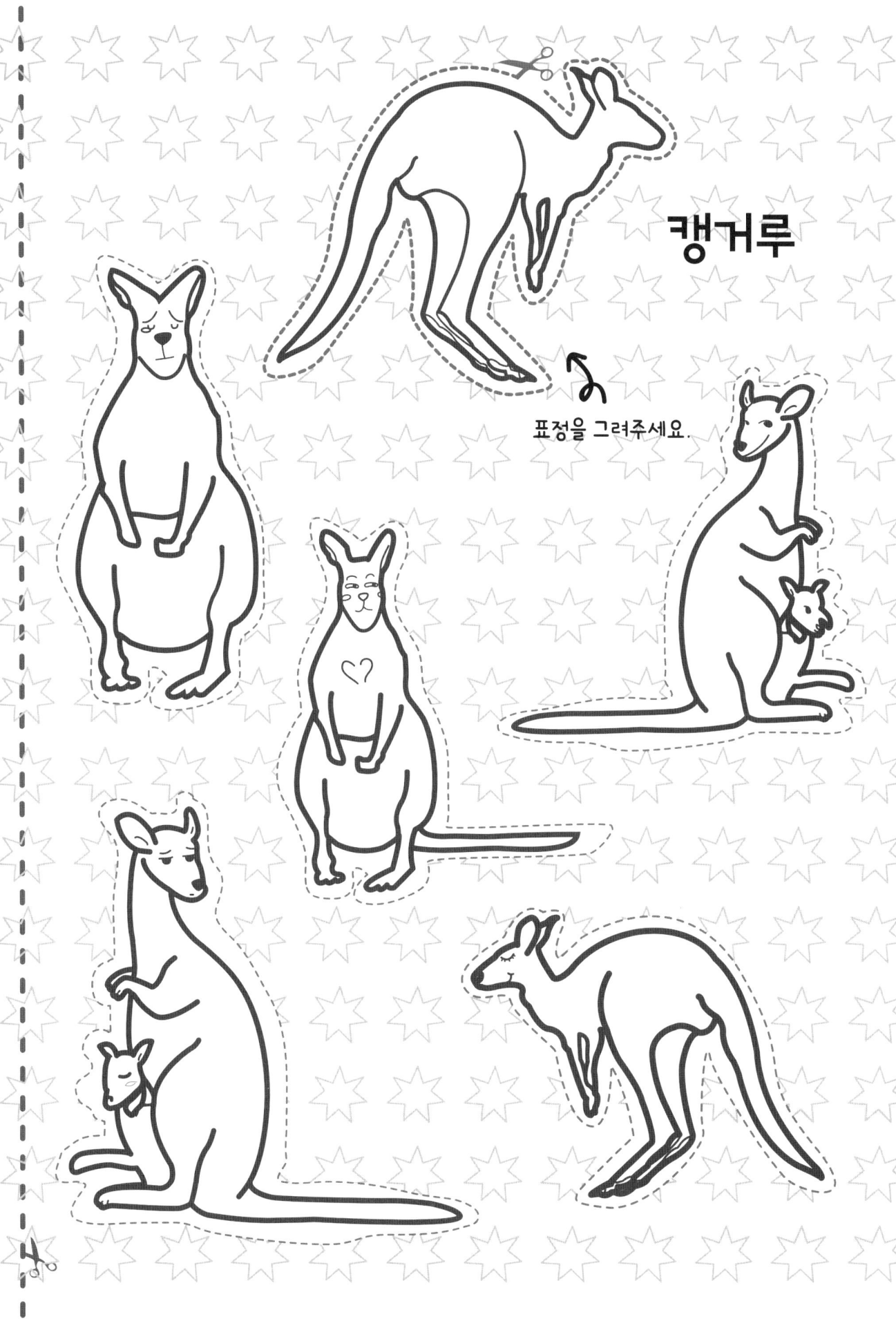

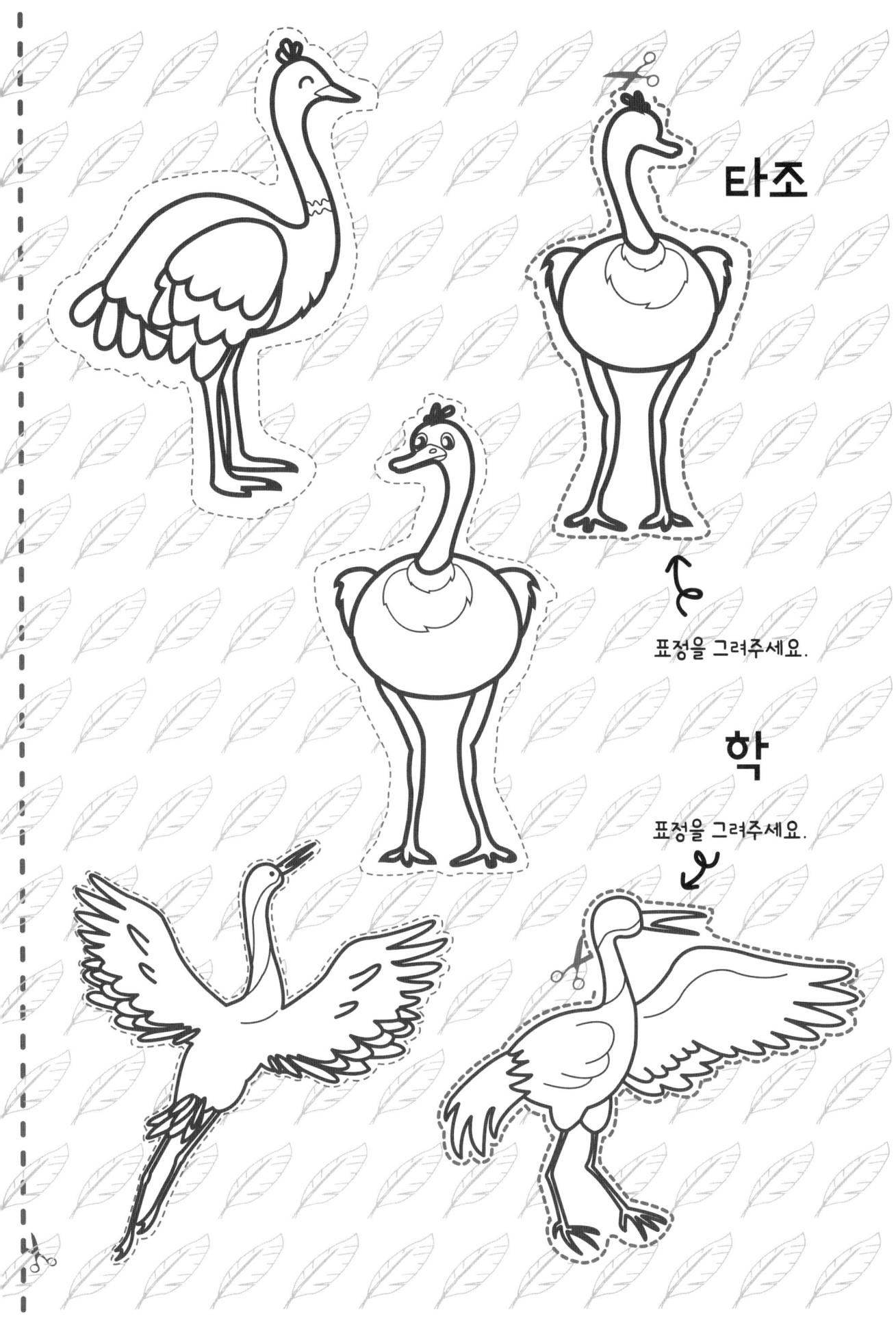

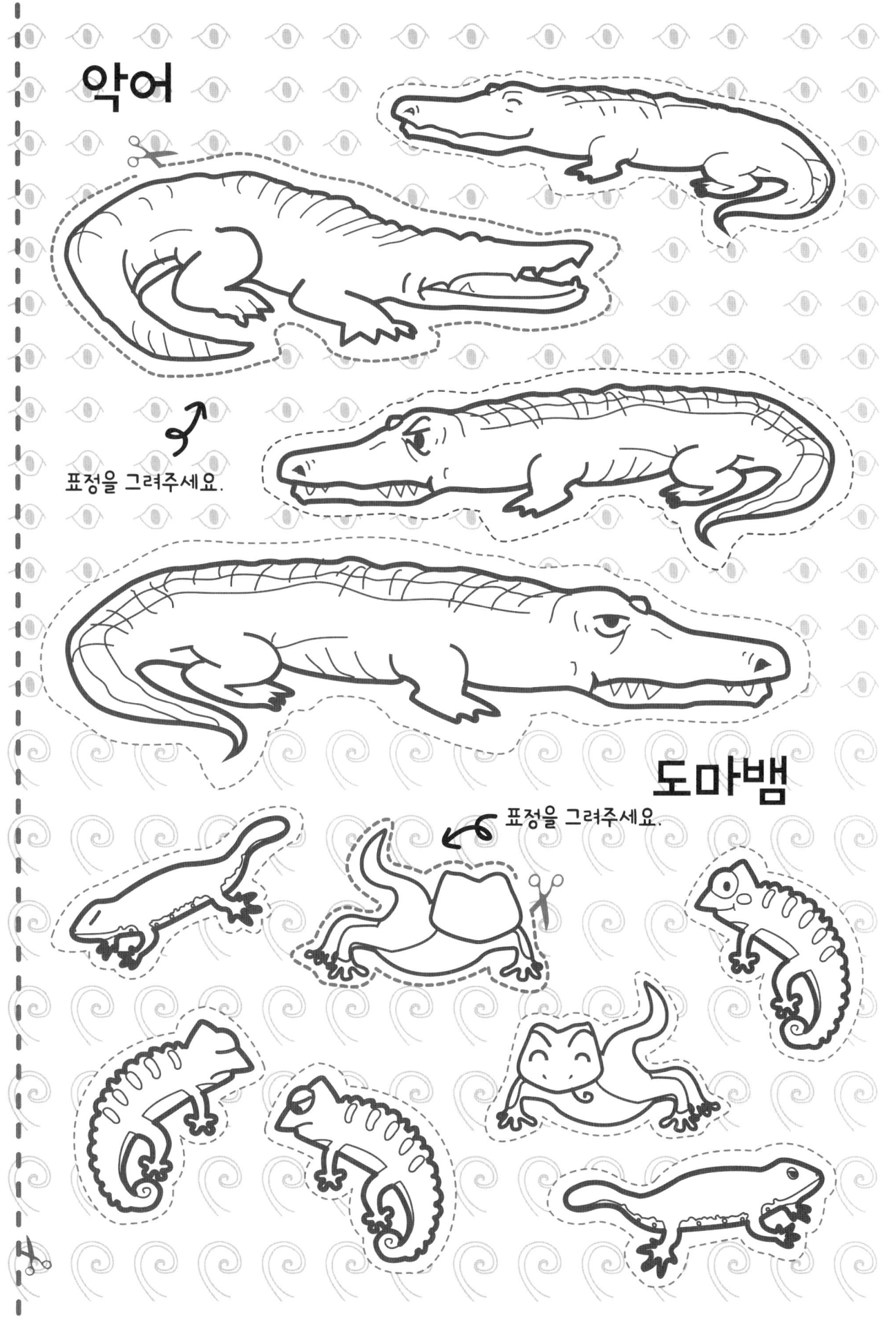

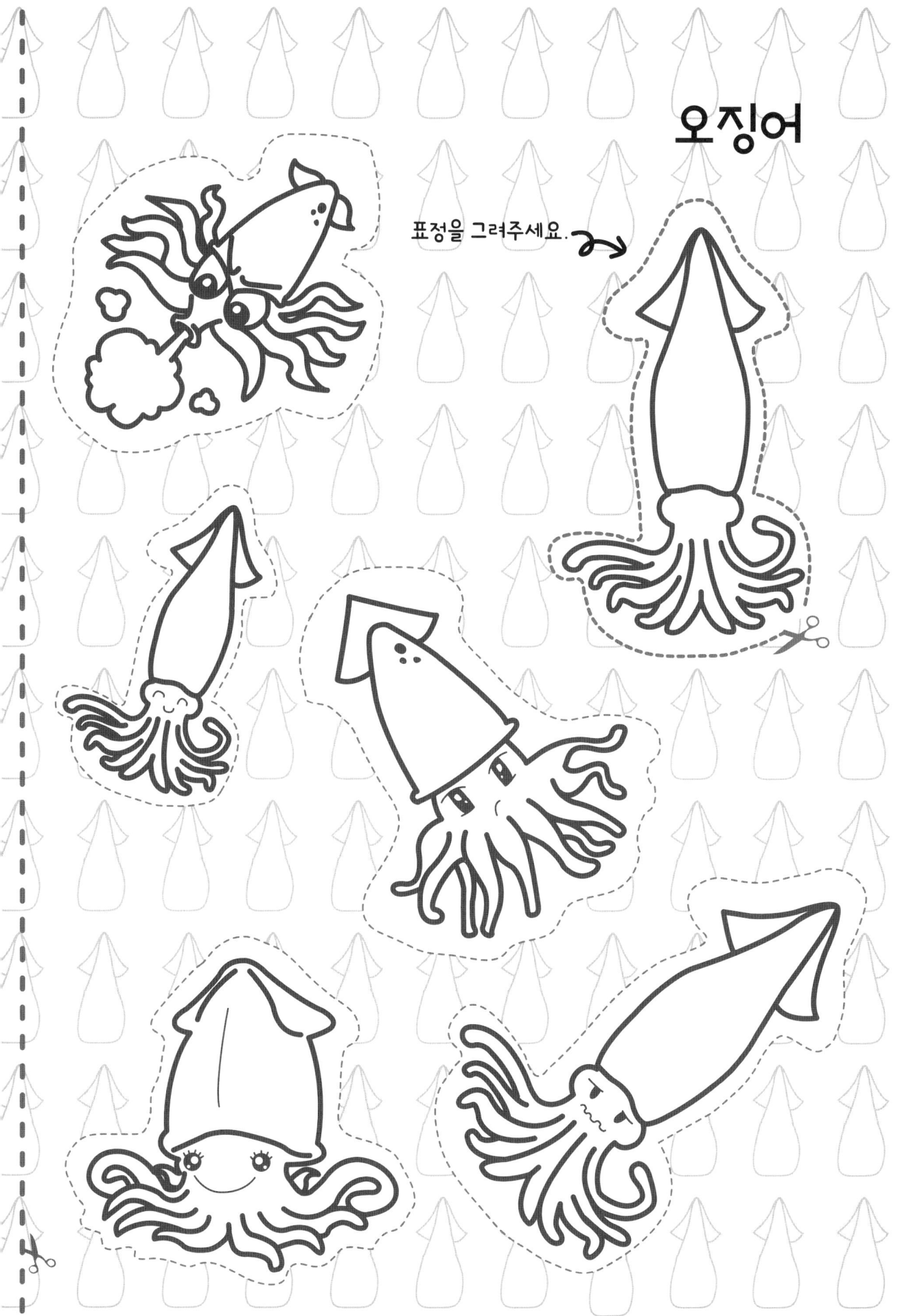